Für MLuiZ

Thom Renzie

Nach Strich und Faden

Neue Aphorismen und Fragmente

BoD – Books on Demand, Norderstedt

Bibliografische Information der Deutschen Nationalbibliothek:
Die Deutsche Nationalbibliothek verzeichnet diese Publikation
in der Deutschen Nationalbibliografie; detaillierte
bibliografische Daten sind im Internet über dnb.dnb.de
abrufbar.

© 2017 Thom Renzie
Herstellung und Verlag:
BoD – Books on Demand, Norderstedt

ISBN: 9783746014678

Wer das Wesentliche sucht, sollte sein Augenmerk auf springende Punkte richten.

Totalitärer oligarchischer Kollektivismus ins Dezimalsystem übersetzt: **1984**.

Je später der **Abend**, desto obszöner die Gäste.

Bevor man dem Reiz eines **Abenteuers** erliegt und es nicht auslässt, sollte man sich fragen, worauf man sich einlässt.

Zum **Abführmittel** braucht es an manchen Orten und zu manchen Zeiten keine Apotheke, sondern nur eine Meinungsäußerung.

Abgekocht - wenn das Geschäft im Betrug verdampft ist, bleibt als Bodensatz Erfahrung.

Hinter manch moralischer Pose tun sich wahre **Abgründe** auf.

Was sich mit einem heimeligen und einladenden Vorgarten präsentiert, weist nach hinten heraus bisweilen wahre **Abgründe** auf.

Auf der Spielwiese des **Absurden** wird die Logik vorgeführt.

Achtsamkeit ist, wenn man seine Gedanken nicht ohne Aufsicht spazieren gehen lässt.

Heft-Kammer: Exil für analoge **Akten**.

Verhaltenes Verhalten ist nicht Sache von **Allüren,** wenn sie ihren Lauf haben.

An Alphabeten beißen sich **Analphabeten** die Zähne aus.

Auch die Politik sorgt dafür, dass **Angst** nicht arbeitslos wird. Systeme, die um ihren Bestand fürchten, lassen sie gerne für sich arbeiten.

Wenn man es genau besieht, mit Knigge in der Optik, weiß man im Netz nicht immer, wie **Anstand** buchstabiert wird.

Anstand ist ein Umstand, der vielen heute zu umständlich erscheint.

Im Zeitalter der sozialen Medien hat **Anstand** seinen Ausstand gegeben und sich in den Ruhestand verabschiedet.

Antizipationsgarbe: Ein Bündel vorwegnehmender Erwartungen.

Dienstmagen: für **Arbeitsessen**.

Aphorismus - Assoziationsaperitif.

Nicht aufgeben gehört in manchem Leben zu den anspruchsvollsten **Aufgaben**, die jemandem aufgegeben sind.

Bedingungslose **Aufrichtigkeit** mag ihren Preis haben, kostet allerdings wenig Taktgefühl.

Da wird in der Politik viel über Frieden und Abrüstung schwadroniert, vielleicht aber sollte man zunächst einmal mit entwaffnender **Aufrichtigkeit** beginnen.

Auflaufform - geordnete Parade.

Ständige Erwartung entfremdet uns dem **Augenblick**.

Ein klärendes Gewitter lässt sich zumeist eher **aushalten** als ein dauerhaftes Tiefdruckgebiet.

In den großen Spielcasinos dieser Welt, den **Banken**, werden die Spieler noch fürstlich für die Verluste entlohnt, die sie mit fremdem Geld gemacht haben.

Bankmanager sind sehr erfolgreich darin, sich ihre üppigen Boni auch und gerade dann nicht zu versagen, wenn sie versagt haben.

Bar aller Vernunft: Philosophentreffpunkt.

Barbar: Lokalität für unzivilisierte Stammler.

Barbier: in einer öffentlichen Lokalität ausgeschenkter Gerstensaft.

Barkasse: wird, obwohl bei Barzahlern beliebt, von den Befürwortern des Digitalgeldes mehr und mehr umschifft und ist vom Aussterben bedroht.

Bar on: aktiv mit einem Kommunikationsnetzwerk verbundenes Lokal.

Eine Bar schafft so manche **Barschaft**.

Beamte sind Menschen mit Alimentationshintergrund.

Manch einer ist schon **bedient**, weil er nicht bedient wird.

Die Hitze der **Begeisterung** lässt sich bürokratisch leicht herunterkühlen.

Manches **begreift** man erst, wenn es einen nicht mehr ergreift.

Legt es jemand auf **Beleidigungen** an, so bringt ein Lächeln dem Adressaten oft die höchsten Zinsen.

Für **Bemerkungen** gilt, dass sie auch und gerade dann treffen können, wenn sie daneben sind.

Bequemlichkeit bietet den Schneid feil, den man sich gerne mal abkaufen lässt.

Aus kalter **Berechnung** ist schon mancher ziemlich heiß gemacht worden.

Beständigkeit ist der Pausenfüller der Unbeständigkeit.

Jeden
Beichtstuhlgang
muss
Gott
erst
einmal
verdauen.

Das **Beste** und das Bequemste arbeiten meist in Konkurrenzunternehmen.

Das **Bewusstsein** ist ein Ding, das viele mit sich herumtragen, ohne sich dessen bewusst zu sein.

Wer sein **Bewusstsein** nicht ständig selbst kontrolliert, der wird leicht mal von anderen bewusst kontrolliert.

Recht fertig ist eine **Beziehung**, in der die Beteiligten glauben, sich dauernd rechtfertigen zu müssen.

Bilder sind außerordentlich sprachbegabt.

Die **Bildungspolitik** zeigt sich äußerst kreativ darin, den Regen zu erzeugen, in dem sie ihre Adressaten stehen lässt.

Das **Bildungssystem** ist bemüht, alle Unbillen praktisch auszuloten.

Die eigentliche Tragik des heutigen **Bildungssystems** ist nicht, dass es immer weniger Bildung vermittelt, sondern dass es immer weniger stört.

Die digitale Wirklichkeit kann noch nicht einmal bis zwei zählen. Das **Bildungssystem** ist bemüht, sich diesem Niveau zu stellen.

Was nutzt es, innerhalb des **Bildungssystems** die Diskrepanz zwischen Bedarf und zur Verfügung gestellten Geldmitteln geradezurücken, wenn es durch penetrant falsche Entscheidungen in immer größere Schieflage gebracht wird.

Manchmal braucht es jemanden, der kein **Blatt** vor den Mund nimmt, damit sich das Blatt wendet.

Blender-Meth: gepanschter Honigwein.

Der erste **Blick** bringt jede Menge Erfahrungen mit sich, wenn ihm der zweite nicht folgt.

Da verschlägt es sogar der Evolution die Sprache, wenn aus einem armen Schwein wieder einmal erstaunlich schnell ein **Bock** wird, dem man alle Sünden anhängt.

Ohne **Bodenhaftung** wird aus einer Erfolgsgeschichte nur eine Kurzgeschichte.

Börsianer sind Menschen mit Antizipationshintergrund.

Börse heißt der Ort, an dem Erwartungen arbeiten gehen.

Brennbar: Lokal mit Hochprozentigem aus Eigenproduktion.

Brückentagsphilosophie: Freiheit nehmen - frei heut' nehmen.

Der **Bürger** bürgt für die Destillate politischer Dummheit.

Bürokratie nennt man den Ort, an dem viele gute Ideen solange vor sich hin reifen, dass es zum Weinen ist.

Bürokratie heißt der Ort, bei dem Details tragende Rollen bekommen und Zeit keine Rolle spielt.

Das Schlaraffenland der Formulare heißt **Bürokratie**.

Lieber

ein

volles

Bücherregal

als

Bücher

voll egal.

Burnout: Erst wenn das Buschfeuer in der Wildnis seiner Gedanken nur mehr glimmt, bemerkt der moderne Zivilisationsmensch, dass es gebrannt hat.

Charakter drückt dort die Schulbank, wo das Leben seine Kerben hinterlässt.

Die Urteile über andere sind der Spiegel, aus dem der **Charakter** des Urteilenden schaut.

In der **Charakterschule** sind Glück und Unglück ein ziemlich ungleiches Paar. Glück wickelt ein, Unglück entwickelt.

Dankstellen – liefern Kraftstoff für die Seele, gibt es aber eher selten.

Genitiv-Mutation - führt von Fall zu Fall zum **Dativ**.

Demokratie ist der westliche Exportschlager schlechthin - Bombenstimmung in den Abnehmerländern garantiert.

Demokratie nennt sich der politische Kahn, auf dem die Banken die Segel setzen und die Kartellmedien für den notwendigen Wind sorgen.

Descartes für Denkfaule: Ich **denk'** nicht, also pinn' ich ... ab.

Denkbar: Lokalität für Geistesarbeiter.

Es gibt Zeiten, in denen sich Politik und Kartellmedien in stiller Eintracht rührig im betreuten **Denken** engagieren.

Wer immer nur kopiert, kupiert das eigene **Denken**.

Im Unterschied
zu Schuhen
drücken
Depressionen
mehr,
wenn man sie
eine Nummer
größer
nimmt.

Des Poeten Kontrastfigur zum Guten ist der **Despot**.

Ob **Diogenes** aus kleinen oder größeren Verhältnissen stammte, ist nicht gesichert, zumindest lebte er zeitweise in großen Behältnissen.

Dissens-Management: Für das, was nicht passend gemacht werden kann, gibt es eine gutmenschliche Schublade - Rassismus.

Beim **Dissens-Management** setzt die Dummheit ihren Gegenpart auch schon mal an den Katzentisch.

Dem erinnernden Blick gebricht es nicht selten an abschätzender **Distanz**, wenn er weit zurückgeht.

Nähe schafft Erfahrung, Erfahrung schafft Distanz.

Scheitern
entfaltet
seinen ganzen
Charme,
wenn es
an seiner
Didaktik
arbeitet.

Dogmen

sind

der

tote Winkel

eines

Lehrgebäudes.

Im Unterschied zum Leid halbiert sich **Dummheit** nicht, wenn sie geteilt wird.

Ein gewisses Maß an **Dummheit** muss man aushalten können, ambitionierte Dummheit ist unerträglich.

Wer den **Durchblick** hat, kann auch schon mal ein Auge zudrücken.

Wo schlichtes Mittelmaß kokett sein will, da nennt es sich gesunder **Durchschnitt**.

Die Affekte kleiner Geister lassen sich durch große **Effekte** leicht betören.

Ehrlichkeit und Entertainment findet man in unterschiedlichen Regalen.

Wo **Ehrlichkeit** sich manchmal zu weit aus dem Fenster lehnt, zieht Taktgefühl diskret die Vorhänge zu.

Wenn man aus müssen wollen macht, geht's **einfacher**.

Das **Einkommen** kann, wie manche Menschen schmerzhaft erfahren müssen, mitunter ziemlich eigenwillig sein, weil es sich partout nicht den Ausgaben anpassen will.

Einsicht ist die Perspektive, die der einen Sicht der Dinge eine andere Sicht hinzufügt und dieser Anerkennung verschafft.

Aussicht auf **Einsicht** besteht, wenn jemand seine Ansicht hinterfragt.

Ein Verständnis von etwas zu haben und sein Einverständnis zu etwas zu geben, sind zwei Paar Schuhe, was manchen vielleicht schon dazu animiert hat, ohne ein Verständnis von einer Sache zu haben, sein **Einverständnis** zu etwas zu geben.

Empathie ist eine gern gewählte Maske der Manipulation.

Endwicklung: die letzten Windeln.

Das moderne, elektronisch hochgezüchtete Automobil ist der rollende Beleg für die zunehmende **Entmündigung** des Menschen.

Not gehört zum Bordwerkzeug der **Entwicklung**.

Epikur: Eine episch ausgedehnte Kur, bei der der Genuss groß geschrieben wird.

Im Basislager der **Erfahrung** sammeln sich die Irrtümer.

Angewandte Fremd-**Erfahrung** ist die Fähigkeit, die Praxis abzukürzen.

Erfahrung lehrt: Leere Versprechen sind oft aufwendig verpackt.

Erfahrung hängt man da auf, wo Ursache und Wirkung zusammenkommen.

Die Sammelstelle für **Erfahrungen**, die keine Heimat haben, heißt Unterbewusstsein.

Bei entsprechender Vor- und Nachbereitung ist **Erfolg** ein leidliches Brett, mit dem man auch noch die nächste Welle reiten kann.

Erfolg kann wie Hochprozentiges sein. Wenn er zu Kopf steigt, benebelt er die Sinne.

Wo Erfolg Selbstzufriedenheit im Gepäck hat, reicht es meist nur für eine Kurzreise.

Erfolgreiche versagen sich das Versagen mit Erfolg.

Erfolgsweg oder Erfolgsschiene? - Wie viel Wartezeit will man aufbringen?

Wenn die **Erkenntnis** Nabelschau hält, blickt sie auf den Irrtum.

Der Abfall der **Erkenntnis** - ein Apfelbutzen.

Es ist zumindest kein Unglück, wenn jemand zu der **Erkenntnis** findet, dass Glück sich weder zur Jagd, noch zum Hinterherlaufen eignet.

Ein **Esel** ist, wer Menschen verprellt, mit denen man Pferde stehlen kann.

Manchmal wünscht man sich, man könnte ein bisschen **Euphorie** für schlechte Zeiten auf Eis legen.

Euro: im Griechgang Richtung Abgrund.

Existentielle Fragen bekommen ein siebenmal leichteres Gewicht, wenn man als Katze über sie philosophiert.

Eine zerüttete **B**ilanz - EZB.

Politik ist wahrlich ein verdrehtes Geschäft. Gott kann ihr gar nicht so viele **Fakten** hinwerfen, wie die Politik sich bemüht, diese zu verdrehen.

Faktenfraktur: Was nicht ins Prokrustesbett des öffentlichen Meinungsbildner-Kartells passt, wird zurechtgebrochen.

Ob man sich in sein vermeintliches Fatum ergibt oder nicht, man schafft ein **Faktum**.

Fanta Morgana - morgendliche Frühstücksbrause.

Zu wissen, wen man vor sich hat, heißt hinter die **Fassade** zu schauen.

Wenn **Fehler** ihren Charme entfalten, schreibt Erfahrung an ihrem Vademecum.

Fundamentale **Fehler** gehören zu den Dingen, die man sich nicht fürs Alter aufheben sollte.

Am Kapitel kapitaler Fehler wird in der **Finanzpolitik** besonders eifrig gearbeitet.

Das Schuldgeldsystem, grafisch dargestellt, zeigt eine irre Parabel. Das **Finanzsystem** ist irreparabel.

Firma Mens: Man wird den Eindruck nicht los, dass in Zeiten, in denen Cloud Computing besonders hell am IT-Firmament erstrahlt, viele das Denken gleich mal mit auslagern.

Körperkult-Uhr: **Fitness-Tracker**.

Flüsse unterstreichen das, was Bäche nur andeuten.

Bevor man seine Seele zum Zweck der Bereicherung an den Teufel los wird, sollte man bedenken, dass eine spätere **Flucht** vor dem Vertragspartner zwecklos ist.

Wenn forsche **Forscher** forschen, werden etablierte Weltbilder schnell mal zur Makulatur.

Wenn Geldinteressen forsch werden, finden sich zuwiderlaufende **Forschungsergebnisse** schon mal auf dem Index oder in Schubladen wieder.

Die Frage ist, wie es um so manche Errungenschaft des technischen **Fortschritts** bestellt wäre, wenn die ethisch-moralische Entwicklung mit diesem Schritt gehalten hätte.

Frachtgut - etwas für den hohlen Kahn.

Wo alles als gegeben hingenommen wird, braucht es ein **Fragezeichen**, um ein Ausrufungszeichen zu setzen.

Fragezeichen helfen auch gegen Gesinnungsberater.

Freiheit ist der Anzug, der für die Modenschau künstlicher Bedrohungen immer enger geschnitten wird.

Freiheit beginnt im Inneren damit, dass man sich nicht von seinen Gedanken gefangen nehmen lässt.

Frieden ist tatsächlich möglich, wenn die Politik ihre sportlichen Bestrebungen aufgibt, die Verhältnisse in ihrem Sinne zu ordnen.

Der **Frieden** sollte vielleicht mal zu einer neuen Unternehmensberatung wechseln, da die alte ihn immer wieder in den Bankrott treibt und sich dabei mehr als eine goldene Nase verdient.

Fundamentalismus treibt dort gerne seine Blüten, wo das Fundament des gesunden Menschenverstandes fehlt.

Furcht-Bar: Hier werden zwecks intendierter politischer Weichenstellung die Cocktails gemixt, die die Bevölkerung in Angst und Schrecken versetzen.

An der Verpackung liegt es jedenfalls nicht, wenn manche Spiele im **Fußball** eine ganz enge Kiste sind.

Wenn der **Fußball** seine Haut zu Markte trägt, vereint Ware Liebe.

Fußball ist auch, wenn Schwarzkittel ihre liebe Müh' und Not mit Rudelbildung haben.

Seien wir froh, dass Gott nicht all unsere **Gebete** erhört. Es stünde gehörig schlimmer auf vielen Gebieten.

Bei **Gebühren** über Gebühr gebührt es, gebührenden Widerspruch einzulegen.

Das **Gedächtnis** ist eine Börse, an der das Vergessen regelmäßig Anleihen begibt.

Man sagt, dass das **Gedächtnis** mit zunehmendem Alter nachlässt, aber Mann sagt auch, dass mehr hängen bleibt.

Gedanken kann man sich machen, bei Gefühlen lässt sich nichts machen.

Gedanken sind wie Nomaden, ständig unterwegs.

Gedanken bringen manchmal Erstaunliches mit, wenn man sie frei laufen lässt.

Worte sind die Garderobe, in die sich **Gedanken** kleiden, wenn sie unter Leute gehen.

Auch wenn man gerne auf manche **Gedanken** und Gefühle verzichten möchte, es gibt sie nur als Pauschalangebot.

Gedanken, die mal so richtig aus sich herauswollen, suchen sich einen verbalen Begleitservice.

Gedanken sind in der freien Wildbahn zu Hause, sie wissen sich durchzuschlagen, verstehen sich anzuschleichen und finden immer ihre Lichtung.

Geduld ist weiblich, Ungeduld auch.

Wenn **Geduld** sich emanzipiert, hängt sie an einem Faden.

Wo nicht Ad-hoc-Handeln ganz oben auf der Prioritäten-Liste steht, lohnt es sich eigentlich immer, sich bei Problemen mit seiner **Geduld** zu besprechen.

Gefühle sind das Instrument, mit dem die Massenmedien bevorzugt öffentlich spielen.

Wer die Akkorde auf der Klaviatur der **Gefühle** beherrscht, lässt seine Klienten den Urlaub für den Verstand gleich mitbuchen.

Gerade die **Gefühle**, die man am wenigsten brauchen kann, reklamieren für sich besonders gern Kündigungsschutz.

Lieber **gehaltvoll** als Lohn gekürzt.

Gehaltvoll - so mancher Arbeitnehmer im Krankenstand beneidet den Beamtenstand.

Gelassenheit weiß, nicht nur hinterher läuft alles besser, wenn man nicht allem hinterherläuft.

Wie viel weniger wüssten wir über die schlechtesten Seiten des Menschen, wenn es kein **Geld** gäbe.

Ich bin im Allgemeinen und im Besonderen, was **Geld** angeht, bescheiden. Ich will nicht überflüssig sein, es genügt mir schon, dauerhaft flüssig zu sein.

Pathologisch betrachtet, ist **Geld** das Glaukom, das die Weltsicht vieler Menschen beschränkt.

Irgendwann einmal wird man sich vielleicht wundern, dass die Menschen es zugelassen haben, dass Baumwolle und leere Versprechen, auch **Geld** genannt, ihr Leben bestimmen.

Geld hat schon manch gute Idee in die Schublade gezwungen.

Auf **Gemeinplätzen** wird viel geredet und nichts gesagt.

Ein **General** ist selten Generalist.

Für **Genies** hat Gott eine Standleitung zum kollektiven Unbewussten eingerichtet.

Ein stiller **Genießer** unterbricht die Sinne nicht, wenn sie Konversation pflegen.

Das Genie
zieht der Natur
Saiten auf,
die diese
bis dahin
noch gar nicht
von sich kannte.

Geräuschdämmerung: Moll.

Gerichtsmedizin - ein Degistif, wenn das Essen schwer im Magen liegt.

Wechselnder **Gerichtsstand** - vom Herd auf den Mittagstisch.

Gerüchte richten.

Substanzlose **Gerüchte** können an die Substanz gehen.

Den Zusatzartikel zum **Gesetz** von Angebot und Nachfrage an der Börse hat das Plunge Protection Team geschrieben.

Wo das **Gesetz** gesetzt scheint, stellt Geld manchmal erstaunliche Auslegungsspielräume her.

Recht-Link - **Gesetzesfragen** via Internet.

Das **Gesicht** bekommt man gestellt, den Ausdruck erarbeitet man sich.

Für den, der in **Gesichtern** lesen kann, braucht es nicht erst viele Worte.

Eine in jeden Wind gehängte Fahne wird zwar gut durchgelüftet, riecht aber unangenehm nach **Gesinnungslump**.

Der Unterschied zwischen einem schlechten **Gewissen** und einem zu engen Schuh ist, dass das schlechte Gewissen noch mehr drückt, wenn man es eine Nummer größer nimmt.

Das **Gewissen**
ist
eine Zutat,
die schnell
schlecht
werden kann,
wenn man sie
einmal vergisst.

Das **Gewissen** ist die Giftpille in der Vollzugsanstalt der Entscheidungen.

Basis und Überbau: Bei manchen Menschen wurde vor allem das **Gewissen** kräftig überbaut. Es ist erstaunlich, was einige auf ebendiesem haben.

Das **Gewissen** ist so ein Ding, das man nicht, wenn man denn eines mitbringt, bei gewissen Gelegenheiten einfach ausschließen kann.

Gewohnheiten sind das Inkassounternehmen im Land der guten Vorsätze.

Es gibt Menschen, die sagen, dass sie nur **glauben**, was sie auch sehen. Dabei übersehen sie, dass sie nur sehen, was sie auch glauben.

Es gibt Orte und Zeiten, wo Menschen dran **glauben** müssen, wenn sie nicht daran glauben, wovon andere überzeugt sind.

Globalisierung ist, wenn Reinheitsgebote, ob bei Bier oder Vergnügen, rein gar nichts mehr gelten.

Triviale Erkenntnis: Das **Glück** kehrt dem den Rücken, der ihm hinterherläuft.

Kein Wunder, dass **Gott** viele Gebete nicht erhört, auch wenn er ganz Ohr ist. Ihm fehlt das Kind.

Wenn **Gott** mit seinen Überbrückungskrediten etwas großzügiger wäre, müsste das Gute nicht immer wieder Insolvenz anmelden.

Bei dem, was die Firma ihrem Chef im Laufe der Jahrhunderte so alles vorgesetzt hat, würde es nicht verwundern, wenn sich **Gott** von ihr längst getrennt hätte.

Von **Gott** wünscht man sich ein prozessbegleitendes Qualitätsmanagement.

Gottesgarbe: wenn der Feuerstoß im Namen einer Religion erfolgt.

Grad-Duell: Kontroverse zwischen Akademikern mit graduell unterschiedlichen Abschlüssen.

Am Ende muss sich jeder um seinen eigenen **Gram** kümmern.

Gramladen - wenn das Geschäft nur noch Kopfschmerzen bereitet.

Wahre **Gratwanderungen** sind grad Wanderungen des Geistes in vermintem Gelände.

Greisfreie Städte: geheimer Wunsch der NWO-Protagonisten.

Greislauf - wider den Bewegungsmangel im Alter.

Für **Großprojekte** wird gerne mal ein Fass ohne Boden aufgemacht, in dem Milliarden von Steuergeldern versenkt werden.

Grotesk mutet es an, mit welcher Vehemenz Mainstreammedien heute gegen gesunde Denkprozesse anschreiben.

Das **Groteske** ist der Imperativ, der das Inventar der Hypothesen einer Inventur zu unterzieht.

Günstlingswirtschaft ist der Wirtschaftszweig, der unaufhörlich brummt.

Guter Wille kann ziemlich schlecht werden, wenn er zur falschen Zeit am falschen Ort gereicht wird.

Gutmenschen möchte man sagen, wie gut es ist, einfach mal Mensch zu sein.

Haltung – wenn manche Gefühle im Bahnhof bleiben und die anderen streng nach Fahrplan unterwegs sind.

Nur wer den Gedanken kennt, aus dem heraus eine **Handlung** erwachsen ist, kann diese auch recht beurteilen.

Hausmittel nennt sich die Dicounter-Apotheke der Erfahrung.

Hausse-Aufgabe für Börsianer: Nicht zu früh und nicht zu spät aussteigen.

Hechtrolle - Fischroulade.

Es soll schon Redner gegeben haben, die zwar keinen Heiterkeitserfolg erzielen konnten, denen aber ein **Heiserkeitserfolg** sicher war.

Wenn jemand, das Jüngste Gericht vor Augen, nach dem Gericht sein letztes Gericht einnimmt, spricht man auch von einer **Henkersmahlzeit**.

Wenn ein Problem mit seiner Kehrseite kokettiert, nennt es sich **Herausforderung**.

Auch **Herrschsucht** dient. Sie ist angestellt beim unbedingten Willen, über andere zu gebieten.

Hetzschrittmacher: bestimmte Presseorgane.

Demokratie heißt der Basar, wo **Heuchelei** sich
Mehrheiten kauft oder verkauft.

Macht man vorher halt, verpufft so mancher
Hinterhalt.

Ein bisschen Antizipationsgabe von Fall zu Fall und
Hochmut ließe sich schon vor dem Fall entscheidend
zügeln.

Die **Hoffnung** ist oft mit viel Gepäck unterwegs, reist
aber per Anhalter.

Mit **Hoffnungen** gilt es hauszuhalten, andernfalls sind
Enttäuschungen kaum auszuhalten.

Hohlraumversiegelung - Dummheit gepaart mit Starrsinn.

Ideen mit Charakter werden in der Politik von der Lobby beerdigt.

Alte **Ideen** sind ziemlich unsozial. Geht es nach ihnen, dürfen neue nicht mitspielen.

Es gibt viele gute **Ideen**, die die Praxis nie betreten durften, weil sie diese auf den Kopf gestellt hätten, was wiederum dazu geführt hätte, dass einigen großen Unternehmen schwindelig vor Umsatzeinbußen geworden wäre.

Neue **Ideen** stellen sich gerne dann vor, wenn das Bewusstsein Entspannung ausgeschrieben hat.

Für **immer** ist oft alles andere als immensurabel, da meist ziemlich kurzatmig.

Inkonsequenz ist, wo sie konsequent betrieben wird, leicht berechenbar.

Instinkt lässt sich nicht digitalisieren.

Wenn **Intelligenz** in dieser Welt unterwegs ist, steigt die Wahrscheinlichkeit, dass die Verzweiflung gerne mal mitreist.

Intelligenz macht Lügen etwas längere Beine.

Netzkriminalistik - **Internet**-Foren[sic!]

Intuition sendet auf der Frequenz des kollektiven Unbewussten.

Intuition ist der Keil im Verstand.

Intuition setzt hinter die Antworten, welche die fünf Sinne geben, gerne mal ein Fragezeichen.

Gott gibt jedem **Irrtum** die Chance, sich großzügig in seiner Schöpfung auszuleben.

Wo **Irrtümer** sich die Zeit vertreiben, geht die Erkennnis arbeiten.

Der **Journalist** John Swinton nannte sich vor über 100 Jahren noch einen intellektuellen Prostituierten. Heute gebricht es manchen seiner Kollegen am Adjektiv.

Gericht[s]mäßig - überdurchschnittliches **Kantinenessen**.

Kapitalversprechen der Banken - alles andere als kapitale Versprecher.

Die **Kapitalversprechen** der Banken bringen das Geld auch schon mal schnell an seinen Ursprung, ins Nichts, zurück.

Wer etwas auf seine **Kappe** nimmt, muss auch bereit, sein, im Ernstfall seinen Hut zu nehmen.

Karma ist wie eine Fußballsaison. Am Ende gleicht sich alles aus.

Wenn Fakten Fraktur reden, gebricht es den **Kartellmedien** schon mal an Aufmerksamkeit, man bricht sich die Fakten lieber zurecht.

Lieber

ein

Karotten-Gericht

als

mit einer

Garotte

gerichtet.

Katerstrophe: Mancher weiß ein Lied von übermäßigem Alkoholkonsum zu singen.

Manchem Lehrer wird das **Katheder** schon mal zum Katheter, wenn er seine Gedanken aus- und abführt.

Niemand kann treffender über das Leben nach dem Leben philosophieren als **Katzen**.

Ihn kehrte die Meinung der anderen sehr, sodass er vor dem **Kehricht** mit sich zu Gericht saß.

Cern-**Kernkompetenz**: beschleunigte Teilchen.

Meine **Kernqualifikation** ist Unpünktlichkeit und ich verstehe nur Bahnhof.

Den Schalterbeamten der **Kirche** hat man vergessen zu sagen, dass Gott diesen Laden bereits kurz nach Firmengründung verkauft hat.

Wenn die **Kirche** ihre Tage hat, ist Gott unpässlich.

Kleine Geister sind erstaunlich vergessensresistent, was ihre persönlichen Niederlagen angeht.

Großmaul und **Kleingeist** gibt es oft in einer Serie.

Im Großen und Ganzen kaprizieren sich **Kleinigkeiten** auch schon mal aufs Scheitern, wenn man ihnen nicht die gebührende Achtung schenkt.

Das **Klima** wurde für eine der tragenden Rollen im Absurditätenkabarett der Politik zwangsverpflichtet.

Die Crux
der
Klima-Pathologie
ist, dass
zu viele
Narren
Expertisen
schreiben.

Ganz ohne **Klimawandel**: Sommer ist Eiszeit.

Man wundert sich, dass in Zeiten des an die Wand gemalten anthropogenen **Klimawandels** in der Politik noch so viel heiße Luft produziert werden darf und die überbordende Dampfplauderei unreglementiert bleibt.

Koalitionsverhandlungen nennt man das Entsorgungsunternehmen für Wahlversprechen.

Ein König reicht für einen Herd: **Kochshow** mit gekrönten Häuptern.

Kohabitation: Verkehr politischer Antipoden.

Kompromisse funktionieren, was die Ausgangsforderungen angeht, wie Kompressen und kompromittieren häufig eine Seite.

Wo es an **Konstruktivität** fehlt, ist jedes kritische Konstrukt überflüssig.

Die Konsequenz der **Konzilianz** im Konsilium ist der Konsens.

Das Motto aus Zeiten der französischen Revolution ISt heute wieder brandaktuell: Wer anders denkt, verliert schnell mal den **Kopf** .

Auch ein heller **Kopf** ist gegen düstere Gedanken nicht gefeit.

Freiheit und Wahrheit sind die Opfergaben auf dem Altar der von der politischen Klasse unter medialer Begleitung zum Zweck des Schutzes ihrer fragwürdigen Interessen postulierten politischen **Korrektheit**.

Wir leben in Zeiten, in denen sich der im Prokrustesbett politischer **Korrektheit** entstandene Moralismus als Tugendterror aufspielt und jegliche Moralität ad absurdum führt.

Krankheit ist der Beichtstuhl der Seele.

Ein wenig **Krieg** nach Überinvestitionen und es lässt sich wieder über Investitionen sprechen.

Kritik macht sich gerne mal dort breit, wo die Kompetenz des Kritikers ziemlich dünn ist.

An Sprüchen mangelt es **Kritikern** nicht, wenn jemand seinen Ansprüchen nicht gerecht wird.

Kunst ist schnell entgleist, wenn sie allein nach Originalität giert.

LAHN-Party - analoges Fluss-Fest.

Last kann ein Lastkahn ordentlich vertragen.

Im **Leben** zahlt man nicht immer dort, wo man anschreiben lässt.

Das **Leben** ist ein geduldiger Lehrmeister. Wer Baustellen umfährt, wird immer wieder zurückgeführt, bis diese abgearbeitet sind.

Richtig **Lebenserfahrung** darf sammeln, wer mit den falschen Leuten zu tun hat.

Lebenserfahrung findet man hinter den Löffeln, über die man barbiert wurde.

Legislatrine - dort, wo auf Recht und Gesetz geschissen wird.

Ganz eigene **Lehren** stellen sich ein, wenn man den Leerstellen der Geschichtsbücher eine Stimme gibt.

Lieber ein **Lexem** auf dem Papier als ein Ekzem auf der Haut.

Listenpreis - Preis, den sich ein Blender für seine Winkelzüge bezahlen lässt.

Für den, der den **Löffel** abgibt, ist es prospektiv reichlich belanglos, ob er golden ist.

Manche **Lösungen** lieben es gesellig und bringen die nächsten Probleme gleich mit.

Eine **Losung** ist dort, wo auf Berechtigungen geschissen wird, auch keine Lösung.

Lügen folgen ökonomischen Gesetzen. Je mehr der Markt mit ihnen überschwemmt wird, umso billiger werden sie.

Lügen haben immer Konjunktur - Ehrenwort.

Lügen leben zumeist nicht lange als Einzelgänger.

Luxusprobleme kratzen an der Oberfläche. Sie sind die Potemkinschen Vertreter ihrer Zunft.

Macht ist so eine Sache, die sich gern in falschen Händen wiederfindet.

Macht und Missbrauch findet man des Öfteren im Rausch vereint.

Die **Macht** des Einzelnen mag nicht ausreichen, alles zu erreichen, aber sie reicht hin, alles zu versuchen und dabei mehr zu erreichen als erhofft.

In der Werkzeugkiste der **Manipulation** findet man für alle wichtigen Gefühle den passenden Schlüssel.

Maß halten - Domestizierung des inneren Schweinehundes.

Maxime - der Prinzipienritt schlechthin.

Wo t gereicht wird, wird aus Mediation auch schon mal **Meditation**.

Wir leben in einer Welt, in der es vielerorts ein reiches Angebot an Waren und - was manch öffentliches **Medium** betrifft - ein rares Angebot an Wahrem gibt.

Das kann schon mal verkommen: Mitunter stimmen **Mehrheit** und Stimmenmehrheit nicht überein.

Die Vertretung meiner **Meinung** läuft nur noch über meinen Anwalt, den gesunden Menschenverstand.

Wir leben in Zeiten, in denen die Orthographie exklusiv behaupten darf, dass **Meinungsfreiheit** auch heute noch groß geschrieben wird.

Meistbetende - alles für den göttlichen Zuschlag.

Memoiren sind autoritär. Biografisches, was sich nicht gänzlich fügt, wird auch nicht mitgenommen.

Der **Mensch** - ein Kreuz für die Schöpfung.

Der tumbe **Mensch** ist vergesslich. Was aus den Medien ist, ist für ihn nicht mehr in der Welt. Was in den Medien ist, ist die Welt.

Menschwerdung ist bei manchem **Menschen** ein Prozess, der noch gar nicht angelaufen ist.

Manchem Menschen müsste man sagen, dass es sich beim gesunden **Menschenverstand** nicht um eine geistige Beeinträchtigung handelt.

Manche **Menschen** leben sich erst zusammen so richtig auseinander, andere müssen erst auseinander sein, um richtig zusammenfinden zu können.

Mann muss dem Alter ins Auge blicken: Die **Messlatte** hängt gewöhnlich tiefer.

Wo Macht in Fülle schwelgt, macht **Mitgefühl** sich rar.

Lieber Mittel mit Maß anwenden als anmaßendes **Mittelmaß**.

Mode ist, wenn Fasson zu Fashion wird.

Im besten Fall sollten Verstand und Herz über unterschiedliche **Modalitäten** verfügen. Der eine zeigt auf, was man tun kann, das andere sagt, was man tun muss.

Kaum jemand ist so kontrolliert und emotionslos wie der **Mond**. Er zeigt uns stets das gleiche Gesicht.

Montezumas Rache: Der Rächer hat seinen großen Auftritt am Abtritt.

Die Crux der **Moral** ist, dass der Geist Machiavellis allerorten wenig Bereitschaft zeigt, es sich nicht gut gehen zu lassen.

Es gibt Menschen, die die **Moral** gerne bei anderen ins Feld führen, obwohl sie ihren eigenen Acker schlecht bestellt haben.

Mülltrennung kennt ihre Pappeneimer.

Mündig zu werden heißt, dass man sich der Wahl stellt, ob man hinterm Licht leben möchte oder sich selbst eines aufsteckt.

Wo zu viel **Mündigkeit** stören würde, sorgt die Politik gern für geistige Müdigkeit.

Mut muss man dann aufbringen, wenn einen die Angst aufbringen will.

Mythos nennt sich der Titel, den aufgrund seiner hohen symbolischen Bedeutung gerne auch Halbwahrheiten anstreben.

Das, was werden kann, verpasst, wer nur darüber **nachdenkt**, was werden könnte.

Breite Angebotspalette einer Schneiderei - **nähstoffreich**.

Seit **Narren** Expertisen schreiben, ist die Pathologie des Klimas einer der lukrativsten Geschäftszweige.

Wo auch der größte Ehrgeiz fehlendes Können nicht auszugleichen vermag, ist reichlich Platz für **Neid**.

Verordnetes **Neusprech**: Der gutmenschliche Idiotenintellekt wacht über den Idiolekt.

Nichtstun genießt nur, wer nicht dazu verdammt ist.

Nostalgie goutiert olle Kamellen.

Not ist ein Unternehmen aus Gottes Holding, das bevorzugt Gläubige einstellt.

Es soll schon vorgekommen sein, dass Menschen, erst als sie ganz **Ohr** waren, die Augen geöffnet wurden.

Kaum irgendwo ist der Glaube stärker verbreitet, als bei den **Ohren**, wenn sie uns glauben machen, dass sie wüssten, was wir sehen können, wenn sie hören.

Stehende **Okkupation**: Der Redner hat die Aufmerksamkeit seiner Zuhörer aus dem Stand heraus gewonnen.

Letzte **Ölung** - anthropogener Kolbenfresser voraus.

Opportunismus verkauft sich, verbal aufgehübscht, gerne auch mal als Flexibilität.

Optimismus leistet sich der Verstand, wenn der unerfahrene Teil den Hut aufhat.

Ordnung heißt der Anzug, den das Chaos an Feiertagen anzieht.

Organische Kommunikationsprobleme können vielfach durch seelische Wartungsarbeiten behoben werden.

Aha - Wenn jemand einem ständig das Wort im Mund herumdreht, sollte man sich auf **Palindrome** beschränken.

Es ist nicht überliefert, dass **Pan** ein Panier gebraucht hätte, wenn er mal wieder Panik verbreitete, weil man ihn zur Mittagsstunde gestört hatte.

Ist die Schöpfung erst im Eimer, waren's Gottes **Pappenheimer**.

Das **Paradoxon** bürstet Erwartung gegen den Strich.

Wenn **Paragraphen** schwadronieren, ist der gesunde Menschenverstand häufig auf Geschäftsreise.

Pastor al dente: Gottesmann, der trotz bissiger Kritik fest zu seinem Arbeitgeber steht.

Etwas länger **pendent** sind Geschäfte, wenn das Pendant ein Pedant ist.

Mancher **Persilschein** wird zum Schuldschein, wenn die weiße Weste, für die er garantiert, auf links gedreht wird.

Pessimismus spielt auch schon mal die erste Geige, wenn der erfahrene Teil des Verstandes den Takt vorgibt.

Philosophie heißt das Parkett, auf dem Erklärungen zum Weltverständnis und zur menschlichen Existenz gehandelt werden.

Philosophie nennt man die Steilwand, an der das Denken frei klettert.

Am Wochenende, denkt sich der **Philister**, gönn ich mir wenig Bigge und viel Lister.

Den einen wird es zu bunt, die anderen sehen schwarz, wenn sie hinter die **Phrase** von der bunten Gesellschaft blicken.

Phrasendrescher gehören zu einer Spezies, die besonders in Phasen des Wahlkampfes aktiv ist.

Zum Jahreswechsel geschmiedete **Pläne** sind ziemlich korrosionsanfällig.

Einsparungslogik: Wo gehobelt wird, da fallen **Pläne**.

Die **Plutokratie** inszeniert ihr Illusionstheater als demokratische Veranstaltung.

Wo jemand nicht bloß seine Argumente in den Wettstreit stellt, sondern seinen Widerpart bloßstellt, ist **Polemik** in ihrem Element.

Höchst
ehrgeizig
und
über die Maßen
dumm

-

in der **Politik**
gerne mal in
Personalunion.

Während das Ausloten von Leitfähigkeit in der Physik verortet ist, beschäftigt sich die **Politik** gerne mal mit dem Ausloten von Leidfähigkeit.

Politik und Erpressung: Der Dreck heiligt die Mittel.

Was wäre die **Politik** ohne die Kultivierung von Ängsten?

Mut in der **Politik** findet man heute allenfalls in Zumutungen.

Es gibt Bereiche in der **Politik**, die Kompetenz großzügig ausspart.

Politik heißt der Laden, wo Geld die wichtigen Entscheidungen einkauft. In schwierigen Fällen hilft schon mal ein geheimes Dossier.

Wo stramme Einfalt und fehlende Größe sich paaren, stellt die **Politik** auch schon mal das Bett.

Den Hauptunterschied zwischen erfahrungsreicher und erfolgreicher **Politik** machen Erpressung und Geld.

Politik ist auch, wenn Irrtum und Nachhaltigkeit zusammenfinden.

Politik ist auch, wenn die Vertretenen für die krummen Touren ihrer Volksvertreter gerade stehen müssen.

Viele **Politiker** lassen es sich in ihrer Beredsamkeit nicht nehmen, nicht zu verschweigen, dass sie nichts zu sagen haben.

Seitdem es **politisch korrekt** zugeht, ist es um manch lauteren Gedanken still geworden.

Der pseudomoralische Deckmantel, mit dem der politische Tugendterror regen Handel treibt und unliebsame Meinungen aus dem Markt kegelt, nennt sich auch **politische Korrektheit.**

Mangelt es an Postämtern, dann fehlt's der **Post** am Postament.

Post - faktisch auf Dienstleistungs-Diät.

Ein Blick auf die **Presse** erhellt, dass diese gerne mal entstellt.

„Hier stehe ich, du kannst nicht anders", sagen **Prioritäten**, bevor sie gesetzt werden.

Manche Menschen bemerken ein **Problem** erst, wenn es im Plural auftritt.

Manche **Probleme** sind wie Hunde – unglaublich anhänglich.

Im Plural auftretend, sind **Probleme** ziemlich undiszipliniert, denn in der Regel stellen sie sich nicht in Reih und Glied an.

Wer **Probleme** nicht umgehen kann, muss lernen mit ihnen umgehen zu können.

Probleme entfalten ihre Ausdauerqualitäten, wenn man versucht, vor ihnen davonzulaufen.

Schön wäre es, wenn man **Probleme** einfach irgendwo verlieren könnte, ohne dass jemand sie einem hinterher trägt.

Dass auf zuverlässige **Produkte** Verlass ist, zeigen diese ausgesprochen pünktlich durch ihre anfällige Seite, wenn die Garantie garantiert nicht mehr schlagend wird.

Das Leben erhält sein individuelles **Profil** nicht nur durch das, was man tut, sondern auch durch das, was man lässt und das, was man unterlässt.

Profilneurotiker sind Menschen mit ausgeprägtem Ambitonshintergrund.

Proteus heißt der Gott, der dem Stammbuch der Opportunisten seinen Stempel aufgedrückt hat.

Das **Pseudonym** ist die Paradeuniform der Katalysatoren großer politischer Konflikte.

Pünktlichkeit ist auch eine Frage des Uhrvertrauens.

Der Große Geist führt über jedes Leben akribisch Buch. Da die Finanzbehörden sich nicht in diese Regionen versteigen, gibt es auch keinen Jahresabschluss. Und so kann so mancher schon mal ziemlich lange anschreiben lassen, bevor es eine **Quittung** gibt und dann oft mit anhängendem Überraschungseffekt.

Racheenkel - Vergeltung in 3. Generation.

Lieber mal gut **Rad fahren** als jeden guten Rat fahren zu lassen.

Ratioaktiv - der aufgeklärte Mensch.

Eine **Rat-Tour** unternimmt, wer für gute Ratschläge von Pontius zu Pilatus läuft.

Ratlager: Regal mit Handbüchern und Kompendien.

Der **Regenbogen** ist die Ansichtskarte des schlechten Wetters.

Absolut wegen **relativ** ausgeschlossen.

Rhein gelegt: anthropogene Verkürzung des ursprünglich mäandrierenden Rheins.

Richtig überzeugend kann auch richtig falsch sein. Die Erfahrung hat dazu schon etliche Lieder komponiert.

Richtschnur - Garotte.

Ein Abenteuer mag fraglos interessant, faszinierend oder auch gefährlich sein, doch bevor man sich auf eines einlässt, sollte man sich die Frage stellen, ob man die nötige **Risikokompetenz** besitzt.

Rübezahl: Synthese von Kopf und Zahl.

Rucksackreise mit Fracktour - Stilbruch bei der Garderobe.

Der **Ruf** ist so ein Ding, das gern vorauseilt, wenn es schlecht wird.

Es gibt Menschen, die wissen, was sie **säen**, die aber nicht bedenken, was ihnen blühen kann.

Schicksal ist so ein Ding, für das es keine Konfektionsgrößen gibt.

Es ist eine große Gnade des **Schicksals**, wenn es uns über die Intuition im Vorhinein wissen lässt, wohin unsere möglichen Entscheidungen und Pläne führen könnten.

Der **Schlaf** ist ein ein Dialog mit der Rumpelkammer des Unterbewusstseins.

Schlussstriche ließen sich leichter setzen, wenn die Seele nicht jeden Mist aufheben würde.

Mit einem **Schnäppchen** fährt man manchmal am besten, wenn man es sausen lässt und anderswo noch ein Schippchen drauflegt.

Angesichts der Tatsache, dass der Mensch die **Schöpfung** vor die Wand fährt, fragt man sich, warum Gott ihn nicht längst zum Idiotentest bestellt hat.

Bei Gott hätte man sich gewünscht, dass er seine Pappenheimer bereits gekannt hätte, bevor sie dafür sorgen, dass seine **Schöpfung** bald im Eimer sein wird.

Schreibhehler - Plagiate-Händler.

Tot oder lebendig oder tot und lebendig? Fragen sie **Schrödingers Katze**.

Manchen drückt der **Schuh**, wenn er sich mit etwas beschäftigen muss, was einige Nummern zu groß für ihn ist.

Erstaunlich ist, aus was nicht allem sich Schuhe fertigen lassen. Manches muss man nur andersherum drehen und schon wird ein **Schuh** daraus.

Wer nicht möchte, dass ihm die **Schulden** weglaufen, sollte sich zuallererst über den Zinsfuß einen Kopf machen.

Ein **Schulsystem** ohne Linie scheitert auf der ganzen Linie.

Das **Schulsystem** arbeitet wie ein öffentlicher Verkehrsbetrieb, bei dem nur noch ein Bus fährt, der überall hält und jeden mitnimmt. Platz für Gepäck, auch Bildung genannt, ist freilich nicht mehr vorhanden.

Schwer zu schaffen macht nicht selten, was zu leicht genommen.

Wo nicht die Möglichkeit besteht, **Schwierigkeiten** zu meiden, sollte man sie als Möglichkeit sehen.

Ausgesprochen ausgekocht zeigen sich **Schwierigkeiten** in des Teufels Küche.

Dort, wo sich ein Schatten auf die **Seele** legt, muss immer auch eine Sonne sein.

Irgendwann stößt sich jeder an der Frage, ob es eine lebensübergreifende Flatrate für die **Seele** gibt, wenn sie offlife geht.

Über das, was sich in der **Seele** quer stellt, stolpert der Traum.

Sehnsucht ist so ein Ding, das man am besten unterwegs aufbewahrt, am Ziel geht es verloren.

Es ist wenig zielführend sich vor **Sehnsucht** zu verzehren, wenn man fast vor Hunger stirbt.

Der vorgehaltene Spiegel regt allemal nachhaltiger zur **Selbstreflexion** an als Vorhaltungen.

Mappe, Kugelschreiber und Spesen - Ergebnisse eines an Erkenntnissen mittellosen **Seminartages**.

Wo die ersten fünf **Sinne** mit dem Intellekt über die Zutaten aktueller Gerichte schwadronieren, weiß der sechste Sinn schon, was in Zukunft gebacken ist.

Zu **Skepsis** rät der gesunde Menschenverstand, wenn zu wahr auch noch zu schön kommt.

Gewiss-Reiniger: Nichts ist dem **Skeptiker** so gewiss wie die Ungewissheit.

Das Fragezeichen ist der Haken, an dem der **Skeptiker** alle Gewissheit aufhängt.

Mancher politische **Slogan** hat den Charme einer Losung.

Mixtuhr: **Smartwatch**.

Geistige **Solvenz** ist nicht zwingend erforderlich, um politische Schecks auszustellen.

Sorgen drängeln sich besonders gerne vor, wenn Schlaf ansteht.

Der Zustand der digitalen **sozialen Medien** offenbart, dass man zusehends Abstand vom Anstand nimmt.

Die einzigartige Individualität von Iris und Fingerkuppen weiß mit dem **sozialistischen** Gleichheitspostulat rein gar nichts anzufangen.

Zu einem **Soziopathen** braucht es bei manchem nur vier Räder.

Wer sich alles für **später** aufhebt, sollte bedenken, dass es für später keine Auslieferungsgarantie gibt.

Lohn der Niedrigzinspolitik - vom Sparerfreibetrag zum **Sparerfreibetrug.**

Eine Gelegenheit ist das, was der Verstand gerne mal auslässt und worauf sich **Spontaneität** einlässt.

Kaum etwas wird so schnell spröde wie **Spontaneität**, wenn sie vom Verstand an die Leine genommen wird.

Sprachzersetzung und kulturelle Verheerung sind gern gemeinsam unterwegs.

Standgerichte - nichts für Verfechter von Esskultur.

Statistik heißt die Praxis, in der an der Wahrheit herumgedoktert wird.

Halbwahrheiten geraten ganz aus dem Häuschen, wenn **Statistiken** ihnen den roten Teppich ausrollen.

Wenn in den Verantwortlichen die Angst vor dem Bürger steckt, werden beängstigende Zahlen gerne mal in einem Labyrinth aus **Statistiken** versteckt.

Ob rot vor Wut oder grün und blau vor Ärger - farblose Charaktere gewinnen hinterm **Steuer** ein völlig neues Kolorit.

Reger **Stoffwechsel** – Modenschau.

Streitbar: Lokalität für auf Krawall Gebürstete.

Unter dem **Strich** ist auf dem Strich wenig Platz für Gefühle.

Eine fruchtbare **Stubentigertour** verhindert man durch eine Tubenligatour.

Seitdem es
bezahlte
Studien
gibt,
glauben
die Menschen
auch wieder
an
Märchen.

Symbole sind, was Kleidung angeht, vielleicht nicht ganz auf der Höhe, ihnen steht der Sinn eher nach Tiefe.

Nicht schlecht wäre es, wenn Gott uns die Fähigkeit gegeben hätte, gebrauchte **Tage** bereits an der Verpackung zu erkennen, so dass man sie erst gar nicht anbrechen müsste.

Tage finden ihr Ziel für gewöhnlich auch im Dunkeln.

Wo bedingungslose Aufrichtigkeit serviert wird, sitzt **Taktgefühl** nicht mit am Tisch.

Es gibt Menschen, die helfen, **Tatsachen** zu schaffen, indem sie tatenlos zusehen.

Es gibt Zeiten, da dürfen **Tatsachen** nur durch einen bestellten Übersetzer sprechen.

Wir leben in Zeiten, in denen gewisse Menschen ausgesprochen viel Energie darauf verwenden, zu beweisen, dass **Tatsachen** nicht den Tatsachen entsprechen.

Moderne **Technik** ist ein aufmerksamer Gast, der genau weiß, wann er sich zu verabschieden hat.

Früher bekam man das **Temperament** wenigstens noch als Cocktail von Gott aus vier Säften individuell gemixt.

Tendenzen haben die Angewohnheit, der Gegenwart eine Zukunftsbrille aufzusetzen.

Wenn die Seele sich auf ein **Tete-a-Tete** mit dem Teufel einlässt, lässt sie sich auch schon mal ein Verkaufsschild um den Hals hängen.

Der **Teufel** ist der Meister des Kleingedruckten.

Eins muss man dem **Teufel** lassen. Er schreibt die erfolgreicheren Expertisen.

Wenn der **Teufel** sich mal ausstreckt, liegt er im Detail.

Tiefstapelei: Alles andere als bescheiden gibt sich das Wetter in der innertropischen Konvergenzzone, wo ein Tief nach dem anderen ausgekocht wird.

Wer das Christkind mit dem Bade ausschüttet und die Kirche nicht im Dorf lässt, hat ein ganz eigenartiges Verständnis von religiöser **Toleranz**.

Bei **Toten** drückt man auch mal beide Augen zu.

Der **Traum** ist der innenpolitische Debattierclub der Seele.

In die Quersumme des **Traumes** fließen auch die Geschichten ein, die das Leben ungeschrieben ließ.

Traumreisen: Im Schlaf muss man nehmen, was kommt.

Dem sprichwörtlichen **Tropfen** ist zu raten, nicht den heißen Stein, sondern das volle Fass zu nehmen, wenn er Eindruck schinden will.

Tugend braucht dort, wo sie wacht, mitunter Fingerspitzengefühl, ansonsten wird sie schnell zur Untugend.

Uhrvater – Chronos im Allgemeinen und – kapriziert man sich auf die Erfindung der Taschenuhr – der Nürnberger Peter Hähnlein im Besonderen.

Wer alles krumm nimmt, was ihm gerade gegen den Strich geht, arbeitet leidlich an dem, was man auch **Unleidlichkeit** nennt.

Der Beton für das Fundament solider **Unternehmungen** wird nicht selten mit dem erfahrungsträchtigen Sand angemischt, in den unsolide Projekte gesetzt wurden.

Für **Unverdautes** hält die Seele im Traumkino gerne Wiederholungen bereit.

Manche Bank- und Wirtschaftsmanager zeigen eindrucksvoll, dass man es mit beruflichem **Unvermögen** zu einem ansehnlichen Privatvermögen bringen kann.

Urlaub: archaisches Blattwerk

Kaum ein Vermögen rentiert besser als ein gutes **Urteilsvermögen**.

Manchmal muss man etwas **verändern**, wenn man es erhalten will.

Wo Handeln und **Verantwortung** getrennte Wege gehen, darf man sich auf das Ärgste gefasst machen.

Von manchen Politikern und Managern würde man sich wünschen, dass sie das Letzte geben und als Erste **Verantwortung** übernehmen.

Angesichts der breiten Lobby des Komplexen, haben es **Vereinfachungen** häufig nicht einfach. Steuererklärer können sogar Lieder davon singen.

Grundgesetzt den Fall, ein Land ist von seinen Verwaltern vollständig abhängig, dann ist es nicht in der **Verfassung**, sich selbst eine freiheitliche Verfassung zu geben.

Vergangenes kann im zwischenmenschlichen Bereich wie Spinat sein. Aufgewärmt nicht zu empfehlen.

Die **Vergangenheit** lässt sich nicht ändern, wohl aber die Lehren, die wir aus ihr ziehen.

Starre **Verhaltensmuster** - immer wieder dasselbe, worauf manche Menschen hinauslaufen.

Verkehrsfatalismus - Nachkommen können vorkommen.

Manchmal entlarvt ein Versprecher, was **Versprechen** tatsächlich versprechen.

Versprechen gehören zu den Dingen, die, wenn sie besonders gut verpackt sind, leicht brechen.

Leere **Versprechungen** lieben das politische Parkett, weil sie dort, selbst wenn sie in die Jahre gekommen sind, in neuen Anzügen reüssieren können.

Verstand und Glück halten ungern Händchen, wenn sie unterwegs sind. Der eine kann das andere kaum oder gar nicht fassen.

Bei Argumenten, die Gefühle treffen, ist der **Verstand** nur allzu oft im Hintertreffen.

Mit dem **Vertrauen** ist es wie mit der Medizin. Es zählt die richtige Dosis, nicht zu viel und nicht zu wenig.

Verzagte, die sich die Möglichkeit des Versagens versagen und Entscheidungen ständig vertagen, werden zum Spielball fremder Entscheidungen.

Vielleicht – verbale Bedarfsumleitung.

Ein guter **Vorgesetzter** schafft die Voraussetzungen dafür, dass ihm seine Untergebenen nicht nur seine eigene Meinung vorsetzen.

Gäbe es eine **Vorlauftaste** für das Leben, würde man vielen Dingen nicht hinterherlaufen.

Zeigen sich die guten **Vorsätze** konziliant, fühlen sich die Gewohnheiten verstanden und lassen es sich gut gehen.

Wenn die Gewohnheiten konferieren, sind die guten **Vorsätze** schnell mal auf Geschäftsreise.

Der Nachsatz zu den guten **Vorsätzen** lautet: beim nächsten Mal.

Es ist die **Vorstellung**, die die Tür in der Wand findet, gegen die der Wille gerne mal anläuft.

In der Senkgrube des **Vorurteils** werden bevorzugt gegenläufige Fakten ertränkt.

Es macht auf jeden Fall **wacher**, wenn man sich den Tee über die Hose gießt, als wenn man ihn endlos ziehen lässt.

Die Bürde der nächsten **Wahl** führt dazu, dass Politiker häufiger mal zu Schwindelanfällen neigen.

Die Ästhetik ist meist außer Haus, wenn die **Wahrheit** ihr Bulletin verfasst.

Liebt die **Wahrheit** es kryptisch, lässt sie auch schon mal die Karten aus dem Sack und legt die Katze auf den Tisch.

Die Eintrittskarten für die **Wahrheit** besorgt man sich am besten beim gesunden Menschenverstand.

Im Zeitalter der Medienoligopole ist die **Wahrheit** mit Lettern vernagelt.

Ästhetik ist der Sonntagsanzug, auf den die **Wahrheit** gerne mal verzichtet, wenn sie ihre Besorgungen macht.

Wahrheit ist die Abrissbirne im Potemkinschen Dorf der Kartellmedien.

Manchmal muss man die Steine nur wenden, in die etwas gemeißelt zu sein scheint, um die **Wahrheit** zu finden.

Wenn jemand ein **Wahrheitsministerium** gründen will, um die Speisekarte der Gerüchteküche zu reglementieren, muss es um seine Lügen ganz schlecht bestellt sein.

Wahrscheinlich – mitunter unwahrscheinlich indifferent.

Heute vertraut man an **Wegkreuzungen** auf die Karte, früher wachte dort Hekate.

Wetter ist so ein Ding, das genau dann schlecht passt, wenn man sich nicht anpasst.

Ein nach Rebensaft gierender Hamlet: Ich hege Traubenmut, mir fehlt's vor allem ... an **Wein**.

Weiterentwicklung findet dort statt, wo man sich Problemen stellt, andernfalls entwickeln sich die Probleme weiter.

Die Frage ist nicht, ob wir in Zeiten leben, in denen mit pseudowissenschaftlichen Aussagen **Weltbilder** konstruiert werden, die bestimmten Interessen dienen und in denen der gesunde Menschenverstand bestenfalls nicht erwünscht ist, sondern ob es je anders war.

Der Teufel ist unangefochtener **Weltmarktführer** im Verführen. Gott arbeitet in der Reklamationsabteilung. Er soll sich um den Katzenjammer kümmern.

Kartellmedien und Politik haben ein wesentliches Interesse daran, uns das Unwesentliche als das Wesentliche zu verkaufen und das **Wesentliche** zu verbergen, denn wenn alle das Wesentliche sehen würden, würde sich vieles wesentlich ändern, was politisch so gar nicht gewollt ist.

Etwas im **Wesentlichen** zu überschauen heißt, Unwesentliches zu übersehen.

Wahlkampf nennt man das **Wettbrüsten** der Parteien mit Versprechungen, bei denen man darauf wetten kann, dass sie sich nie in die Praxis verlaufen.

Man wünscht dem **Wetter** etwas mehr Selbstbewusstsein. Es lässt verdammt viel mit sich machen.

Wo viel Schaum geschlagen wird, sind **Wichtigtuer** in ihrem Element.

Synonym für Gegenstand: **Widerstand**.

Widerstand wird in Diktaturen gerne mal mit einer finalen Ehrengarbe belohnt.

Wirtschaftskipfel - Man stößt sich die Hörnchen nicht ab, man isst sie einfach auf.

Programmierte Materialermüdung nennt man die Amphetamine für das zukünftige **Wirtschaftswachstum**.

Wo Geld im Spiel ist, lässt sich **Wissenschaft** willig von bestimmten politischen Interessen vor den Karren spannen.

Zahlen sind in Kurzschrift die Gedanken, die Gott sich zu seiner Arbeit gemacht hat.

Wenn **Zahlen** Urlaub machen, dann sonnen sie sich in dem Mythos, dass sie nicht lügen.

Ambivalenz heißt das Fach, in dem der **Zauderer** seine möglichen Entscheidungen auf Eis legt.

Und in jedem **Zauderer** wohnt kein neuer Anfang inne.

Beinahe alles wird, wenn es über die **Zeit** ist, schlecht. Die Zeit dagegen ist ein eigenartiges Ding. Mit zunehmendem Alter wird sie häufig gut.

Wenn es der **Zeit** zu viel wird, hört sie auf den Namen Langeweile.

Wer wenig **Zeit** hat, verschwendet dieses Quantum häufig noch durch große Eile.

Jede **Zeit** findet ihren Geist.

Zensur heißt der prosaische Begriff für die Maßnahmen, mit denen die Politik den Bestand ihrer rührig gepflegten Märchenkultur zu schützen trachtet.

Wer den falschen Leuten sein Ohr leiht und ihnen folgt, kommt später auch noch für die **Zinsen** auf.

Zitatdelle: In die Festung des Zitats hat sich ein falsches Wort eingeschlichen.

Zumutbar - Hier werden Cocktails kredenzt, die man gar nicht haben will.

Bei manchem braucht es erst **Zumutungen**, um zu Mut zu finden.